yukismart.com/b/86bdb6
AF364355
1
2

baby

bébé

jongen

garçon

vrienden

amis

meisje

fille

lach

sourire

huilen

pleurer

haar

cheveux

oog

oeil

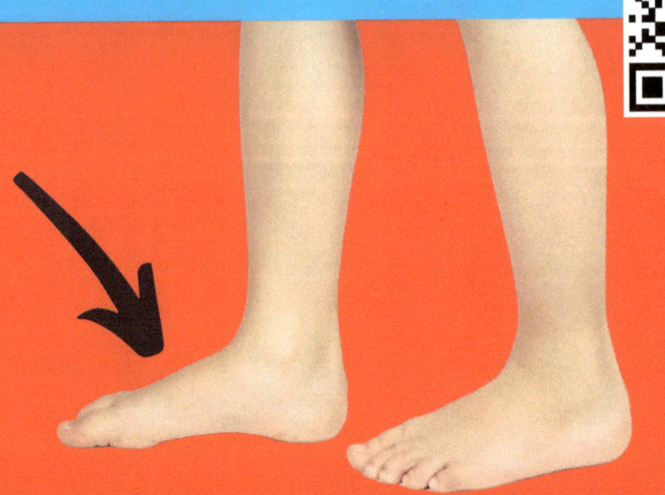

voet

pied

hand

main

neus

nez

tanden

dents

oor

oreille

tong

langue

zon

soleil

maan

lune

ster

étoile

boom

arbre

vogel

oiseau

jas

🇫🇷 manteau
🇨🇦 froque

broek

pantalon

jurk

robe

schoenen

chaussures

rood

rouge

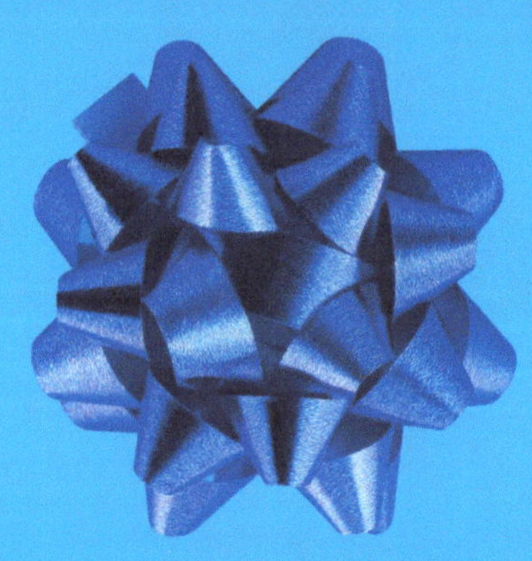

blauw

bleu

geel

jaune

roze

rose

wit
blanc
groen
vert
zwart
noir

veelkleurig
multicolore

regenboog

arc en ciel

appel

pomme

banaan

banane

tomaat

tomate

sinaasappel

orange

wortel

carotte

erwten

petits pois

aardappel

pomme de terre

maïs

citroen

citron

druiven

raisins

peer

poire

watermeloen

pastèque

courgette

courgette

ei

oeuf

paddenstoel

champignon

vierkant

carré

cirkel

rond

rechthoek

rectangle

driehoek

triangle

kat
chat

hond
chien

vis

poisson

koe

vache

eend

canard

kuiken

poussin

kip

poule

kikker

grenouille

varken

cochon

konijn

lapin

muis

souris

paard

cheval

schaap

mouton

bloem

fleur

vlinder

papillon

lieveheersbeestje

coccinelle

slak

escargot

taart

gâteau

brood

pain

klok

horloge

sleutel

clé

boek

livre

bal

ballon

tafel

table

bord

assiette

stoel

chaise

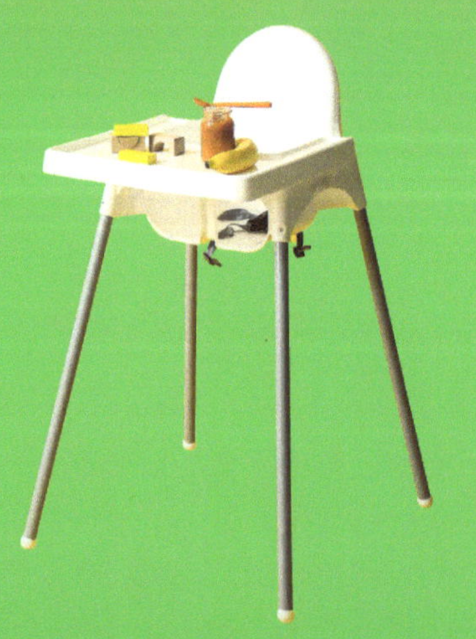

kinderstoeltje

chaise haute

vork

fourchette

mes

couteau

lepel

cuillère

beker

tasse

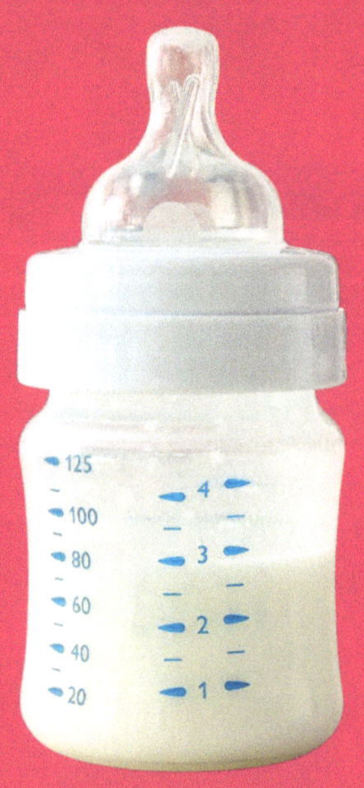

baby flesje

biberon

glas

verre

bed

lit

wieg

lit bébé

teddybeer

🇫🇷 ours en peluche
🇨🇦 toutou

speen

tétine

handdoek

serviette

wastafel

lavabo

tandenborstel

brosse à dents

zeep

savon

toiletten

toilettes

potje

pot

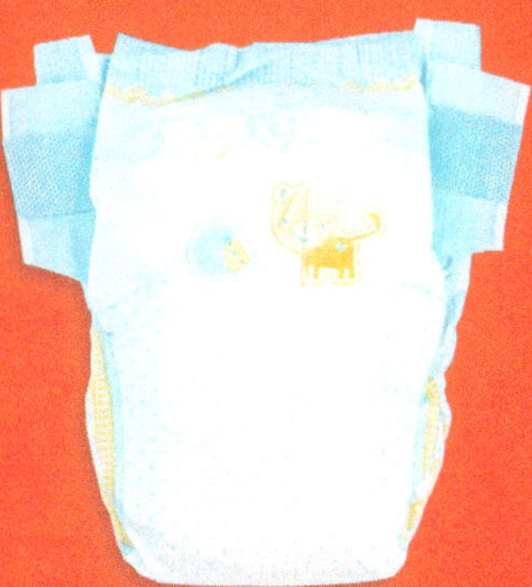

luier

couche

auto

🇫🇷 **voiture**
🇨🇦 **char**

fiets

🇫🇷 **vélo**
🇨🇦 **bicycle**

vliegtuig

avion

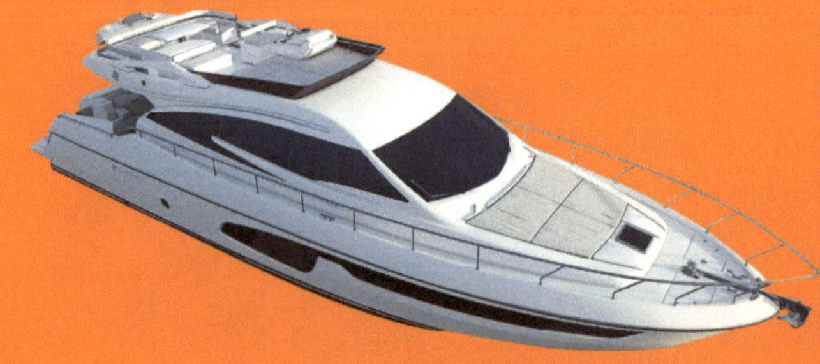

boot

bateau

brandweerwagen

camion de pompier

trein

train

speelgoed

jouets